Nature's Story Told by Birds

Do you like birds? I really like them. The main reason I like birds is that they are descendants of dinosaurs. Not all dinosaurs became extinct-some survived and evolved into birds.

Another reason I like them is that birds resemble humans. For example, birds walk on two legs like humans do. Some birds use and make tools like humans, and some even speak in grammatical sentences. Some birds are as intelligent as 4- or 5-year-old children!

However, we often use the expression 'bird brain' when teasing a stupid person. Are birds really stupid and slow?

As I will explain in this book, Alex, a gray parrot who lived in the United States, proved that birds are not stupid. He's used up to 100 words to communicate directly with humans!

Birds live in many different places, including the Arctic and Antarctic, high mountains, and deserts. They live not only on land, but also in the sea, lakes, and rivers. Humans and birds are the only animals that can live anywhere on Earth.

However, the number of birds is rapidly decreasing these days. According to recent research, 29% of birds in North America-about 3 billion-have disappeared since the 1970s.

These are not rare species on the brink of extinction, but rather, 'common birds' that live close to us, such as sparrows and swallows. This is also happening beyond North America.

Birds are like humans. They live in various places around the world, and they are sensitive to changes in the environment. So, observing birds can help us understand these changes. If the numbers of birds decrease, will humans be able to thrive?

    This book contains basic knowledge of birds, and provides an opportunity to think about our environment through them. So, shall we go meet the birds?

In the Text
* What kind of creature is a bird?
* Amazing flying ability of birds
* Remarkable intelligence of birds
* Interesting ecology of 'common birds'
* Rapid decline of bird populations

새가 들려주는
환경 이야기

풀과바람 환경생각 21

새가 들려주는 환경 이야기
Nature's Story Told by Birds

1판 1쇄 | 2025년 9월 19일

글 | 김황
그림 | 끌레몽

펴낸이 | 박현진
펴낸곳 | (주)풀과바람
주소 | 경기도 파주시 회동길 329(서패동, 파주출판도시)
전화 | 031) 955-9655~6
팩스 | 031) 955-9657
출판등록 | 2000년 4월 24일 제20-328호
블로그 | blog.naver.com/grassandwind
이메일 | grassandwind@hanmail.net

편집 | 이영란
디자인 | 박기준
마케팅 | 이승민

ⓒ글 김황·그림 끌레몽, 2025

이 책의 출판권은 (주)풀과바람에 있습니다.
저작권법에 의해 보호를 받는 저작물이므로 무단 전재와 복제를 금합니다.

값 14,000원
ISBN 979-11-7147-126-3 73490

※잘못 만들어진 책은 구입처에서 바꾸어 드립니다.

제품명 새가 들려주는 환경 이야기 | **제조자명** (주)풀과바람 | **제조국명** 대한민국
전화번호 031)955-9655~6 | **주소** 경기도 파주시 회동길 329
제조년월 2025년 9월 19일 | **사용 연령** 8세 이상
KC마크는 이 제품이 공통안전기준에 적합하였음을 의미합니다.

⚠ **주의**
어린이가 책 모서리에
다치지 않게 주의하세요.

새가 들려주는
환경 이야기

김황 글 · 끌레몽 그림

풀과바람

머리글

여러분은 새를 좋아하나요?

나는 새를 아주 좋아해요. 내가 새를 좋아하는 이유는 무엇보다도 이들이 공룡의 후손이기 때문이에요. 공룡은 다 멸종한 게 아니라 일부는 새가 되어 살아남았어요.

두 번째로, 새들이 인간을 닮았기 때문이죠. 새는 인간처럼 '두 발'로 걸어요. 사람처럼 '도구'를 쓰고 만드는 새가 있고, 심지어 문법이 있는 '말'로 이야기하는 새도 있어요. 4~5세 어린이 정도의 지능을 가진 새도 있답니다!

그런데 우둔한 사람을 놀릴 때 '새대가리'라는 말을 쓰곤 해요. 새가 정말로 어리석고 둔할까요?

이 책에서 자세히 이야기하겠지만, 미국에 살았던 '알렉스'란 이름의 회색앵무는 100개의 단어를 써서 인간과 직접 대화해 새가 멍청하지 않다는 걸 멋지게 증명했어요.

새는 북극과 남극은 물론이고 높은 산이나 사막에도 살며, 육지뿐만 아니라 바다나 호수, 강에서도 살아요. 이렇게 지구 어디에도 살 수 있는 동물은 인간과 새뿐이에요.

그런데 요즘 새가 급격히 줄어들고 있어요. 최근 연구에 따르면, 1970년대 이후 북아메리카의 새가 29%, 약 30억 마리나 사라졌답니다.

사라진 건 멸종 위기에 놓인 희귀한 새가 아니라 참새나 제비 등 우리 가까이에 사는 '보통 새'들이었어요. 이런 일은 북아메리카에서만 일어나는 일이 아니에요!

새는 인간을 닮았어요. 인간만큼 지구 여러 곳에 살고 인간만큼 예민하니, 새를 잘 본다면 환경의 변화를 알 수 있어요. 새는 환경의 바로미터, 즉 지표예요! 그런 새가 줄어들고 있는데, 인간은 잘 살아갈 수 있을까요?

이 책은 새에 관한 기본적인 지식을 담고, 새를 통해 환경을 생각하는 계기를 마련하는 책이에요. 그럼, 이제 새를 만나러 가 볼까요?

김황

차례

01 새는 어떤 생물? … 8
새는 인간을 닮았다 … 9
박새 말에는 문법이 있어 … 12
새는 공룡의 후손 … 17
더 알아보아요 다양한 새의 부리 … 23

02 새의 대단한 비행 능력 … 26
세상에서 가장 빠른 새 … 27
나는 데 알맞게 변화한 몸 … 30
새가 히말라야산맥을 넘을 수 있는 이유 … 34
철새는 왜 이동할까? … 38
더 알아보아요 세계 1등 새들 … 42

03 새의 뛰어난 지능 … 46
수천 개 도토리 숨긴 자리를 기억하는 어치 … 47
그림을 구별하는 비둘기 … 50
음악을 구별하는 문조 … 54
도구를 쓰고 만드는 누벨칼레도니까마귀 … 56
사람과 직접 대화한 회색앵무 … 60
새는 '새대가리'가 아니다! … 64
더 알아보아요 도구를 쓰는 새들 … 68

 **'보통 새'의 재미난 생태** … 70

비둘기는 새인데도 '젖'으로 새끼를 기른다고? … 71
참새는 가을에 자취를 감춘다고? … 74
때까치는 사냥한 먹이를 나뭇가지에 꽂아둔다고? … 78
넓적부리는 집단으로 빙빙 돈다고? … 82
뻐꾸기는 스스로 새끼를 돌보지 않는다고? … 86

🔍 **더 알아보아요** 날지 않는 새들 … 90

 새가 급격히 줄어들고 있어! … 92

북아메리카에서 약 30억 마리가 사라졌다! … 93
온난화로 먹이가 부족한 유럽박새 … 96
새는 환경의 바로미터 … 101

🔍 **더 알아보아요** 멸종한 새들 … 104

새 관련 상식 퀴즈 … 108

새 관련 단어 풀이 … 110

01 새는 어떤 생물?

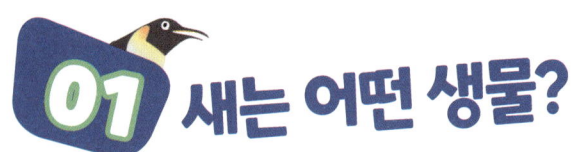

새는 인간을 닮았다

'나도 새처럼 하늘을 날 수 있었으면.' 하고 생각해 본 적 있나요?

인간과 달리 새는 날아가는 데 필요한 날개와 깃털이 있어서 우리와는 겉모습이 매우 달라요. 침팬지는 인간보다 훨씬 털이 많지만, 그래도 '유인원(인간 닮은 원숭이)'이니까 새보다는 인간과 닮아 보이죠.

그런데 사실 새가 침팬지보다 오히려 더 인간을 닮았어요!

인간은 날개도 깃털도 없는데 어디가 닮았는지 모르겠다고요? 맞아요. 겉모습은 하나도 닮지 않았어요. 닮은 건 겉모습이 아니라 생물로서의 '삶'이에요. 더 쉽게 말하면 '능력'이나 '행동'에 공통점이 아주 많답니다.

예를 들어 인간은 한 남자와 한 여자가 '부부'가 되어 함께 아이를 키워요. 마찬가지로 새도 암수가 짝을 이루어 힘을 모아 새끼를 낳아 키워요.

당연한 일인 듯하지만, 동물 대부분은 그렇지 않거든요. 5500종 포유류 중에서 1명의 배우자만 두는 건 3~9% 정도밖에 없어요.

침팬지는 1명의 배우자만 두지 않고, 수컷은 육아에 참여하지 않아요. 반면 새는 약 1만 종 가운데 90% 이상이 인간처럼 1명의 배우자만 두고, 암수가 힘을 모아 새끼를 낳아 키워요.

어때요? 침팬지보다 오히려 새가 인간을 더 닮지 않았나요?

또 다른 이유도 있어요. 동물 중에서 인간만이 '두 발로 걷는다.'고 하지만, 새도 두 발로 걸어요! 침팬지는 네발짐승이고요.

그리고 생물 중에서 인간만이 '도구를 쓰고 만든다.'고 하지만, 침팬지도 새도 도구를 쓰고 만들어요!

1960년, 영국의 동물학자 제인 구달이 아프리카에서 야생 침팬지를 관찰하다가 이들도 도구를 쓰는 걸 발견하자 사람들은 큰 충격을 받았어요. 이후 침팬지가 도구를 만드는 것도 발견되었죠.

1990년대에는 남태평양 서부, 오스트레일리아 동북쪽에 있는 누벨칼레도니섬에 사는 '누벨칼레도니까마귀'가 도구를 쓰고 만드는 것이 알려졌어요.

손이 없는 새가 도구를 쓰고 만든다는 사실에 사람들은 침팬지 때보다 더 큰 충격을 받았어요.

박새 말에는 문법이 있어

새는 말을 해요. 그것도 인간처럼 문법이 있는 말을요!

최근 알려진 '박새의 말'은 세상 사람들을 아주 깜짝 놀라게 했어요. 왜냐하면 언어 사용이야말로 인간과 다른 동물의 근본적인 차이라고 여겨졌기 때문이죠.

개는 '멍멍' 울어서 뭔가를 알리려고 하지만, '멍멍' 그 울음소리 자체에 어떤 뜻이 있진 않아요. 그런데 박새의 울음소리에는 뜻이 있어요. 그러니까 울음소리가 '단어'였던 거예요.

 박새는 까마귀를 '삐이-삐이', 뱀은 '쟈-쟈-'라는 식으로 두 천적을 '단어'로 구별해요. 박새가 말하는 단어는 현재 20개쯤 발견되었어요.
 실제 어미 새가 '삐이-삐이' 울면 둥지 안의 새끼는 공격을 피하려고 자세를 낮추어 웅크려요. 한편, 어미의 '쟈-쟈-'란 소리를 듣자마자 새끼들은 (독립 직전의 새끼 경우) 일제히 다 둥지 바깥으로 뛰어나가요. 이들에게 있어서 까마귀보다 뱀이 더 무서운 적이니까요.

그뿐만이 아니에요. 박새는 '문장'을 만들 줄도 알아요.

박새의 말로 '삐이-츠삐'는 부엉이 같은 적이 나뭇가지에 앉았을 때 내는 경계음이에요. 지금 당장 위험이 닥쳐오는 건 아니지만, '알고 경계해'란 뜻이죠. '지지지지'는 '모여라!'란 뜻이고요.

그러니 두 말을 합친 '삐이-츠삐·지지지지'는 '경계하면서 모여라!'란 뜻이 돼요.

실제로 한 박새가 이렇게 울자, 동료 박새들은 주변을 두리번거리고 천적의 위치를 파악하면서 모였어요. 그러고는 다 같이 힘을 모아 적을 위협했죠. 박새가 말하는 문장은 현재 175개 이상 발견되었어요.

연구자는 앞에서 이야기한 '삐이-츠삐·지지지지'란 문장을 녹음하여 거꾸로, 그러니까 '지지지지·삐이-츠삐'로 바꾸어서 박새한테 듣게 했어요.

그러자 경계하기는커녕 모여들지도 않았답니다. 박새가 쓰는 말에는 이렇듯 분명히 순서가 있고, 규칙이 있는 거예요. 말의 규칙을 '문법'이라 하니, 박새는 문법이 있는 말을 하는 셈이에요.

이와 같은 '새의 말'은 북방쇠박새, 곤줄박이 등에서도 확인되었어요. 침팬지는 말을 하지 않아요. 어때요? 침팬지보다 새가 훨씬 더 인간을 닮았죠?

새는 공룡의 후손

　새가 과연 어떤 동물인지 이야기하려면 공룡 이야기를 빼놓을 수 없어요. 그건 새들이 약 6600만 년 전에 멸종한 공룡의 후손이니까요! 공룡은 다 멸종한 게 아니라 일부는 새가 되어 살아남았어요.

　공룡이 세상에 처음 탄생한 건 지금으로부터 약 2억 3000만 년 전이고, 초기 공룡은 다 두 발로 걸었어요. 시간이 흘러 몸이 엄청나게 커지는 사이 네발로 걷는 공룡도 나왔어요.

새가 두 발로 걷는 건 원래 공룡이 두 발로 걸었기 때문이에요.

'아니, 진짜 새가 공룡의 후손이라면 공룡에게도 깃털이 꼭 있어야 하지 않나요?' 하는 생각이 들 수 있어요.

1861년, 독일에서 날개와 깃털이 있는 화석이 발견되었어요. 그런데 지금의 새에게는 없는 이빨이 있었고, 날개가 된 앞발에 손톱이 있고, 꼬리에도 뼈가 있는 등 공룡의 특징을 가지고 있었죠. 그래도 날개와 깃털이 있었으니, 새의 조상이라 생각되어 '시조새'란 이름이 붙여졌어요.

　1996년, 중국에서 발견된 '시노사우롭테릭스' 화석은 사람들을 아주 놀라게 했어요. 이 화석은 날개가 없어서 분명히 공룡인데도 온몸이 깃털로 덮여 있었던 흔적이 명확하게 남아 있었기 때문이에요. 시노사우롭테릭스는 세상에서 처음 발견된 '깃털공룡'이었어요.
　과학자들은 뼈와 달리 깃털은 화석으로 남기가 어려우므로 모든 공룡에게 깃털이 있었을지도 모른다고 생각했어요.

그들의 생각처럼 그 뒤 깃털이 있는 공룡, 그러니까 깃털공룡 화석이 잇따라 발견되었어요. 새의 직접적 조상 그룹인 용반류 공룡 속의 '수각류'뿐만 아니라, 모든 공룡에 깃털이 있을 가능성이 커졌어요.

하지만 깃털이 나 있는 티라노사우루스 화석은 아직 발견되지 않았어요. 그래도 이들과 먼 친척이 되는 공룡 화석에서도 깃털이 발견되었죠.

그래서 과학자들은 티라노사우루스는 어릴 때는 몸이 깃털로 덮여 있다가 자라면서 몸 일부에만 깃털이 남는다고 추측하고 있어요.

그러면 공룡은 왜 깃털을 가지게 되었을까요? 공룡이 처음 탄생했을 때 이들은 거의 닭 정도 크기밖에 되지 않아 다른 동물에 먹히지 않도록 밤에 사냥해야 했어요. 몸을 따뜻하게 하려고 깃털이 생겼다고 여겨지고 있어요.

오랜 세월이 흘러 공룡 속의 한 그룹에서 날아다닐 수 있는 종이 나타났어요. 그게 바로 새의 조상이에요! 중생대 백악기에는 확실하게 새가 있어서 공룡과 함께 살았어요.

그러다가 공룡이 다 멸종했을 때 몸이 작고 날아다닐 수 있었던 새만이 멸종하지 않고 살아남았던 거예요.

어때요? 새가 달리 보이지 않나요?

👀 더 알아보아요
다양한 새의 부리

부리는 새만 있어요. 일부 짐승의 주둥이는 새의 부리와 모습만 비슷할 뿐 새의 부리와는 달라요. 새의 부리는 위아래의 턱이 늘어난 거예요. 부리 뼈는 '케라틴'이란 굳은 단백질로 덮인 덕분에 가볍고 튼튼해요. 새 부리는 어떤 걸 먹느냐에 따라 크기나 모양이 다양해요.

✸ **방울새 – 부리가 굵고 짧다.**
씨앗을 씹거나 딱딱한 열매껍질을 깨는 데 알맞다.

✸ **왜가리 – 부리가 날카롭고 길다.**
물속에서 헤엄치는 물고기를 겨누어 물어서 잡거나 푹 찌른다.

✳ **넓적부리 - 부리가 주걱처럼 폭이 넓고 납작하다.**
넓은 부리 끝으로 물을 들이마시고, 윗부리와 아랫부리 사이에 있는 얇은 판으로 물속 플랑크톤을 걸러 먹는다.

✳ **참수리 - 부리가 갈고리 모양이다.**
날카롭게 구부러진 부리로 먹이를 잡아 찢거나 잘게 한다.

✳ **마도요 - 부리가 길고 아래로 휘어져 있다.**
갯벌 속 먹이를 잡아먹기 위해 부리가 길고, 부리 끝엔 신경이 있다.

02 새의 대단한 비행 능력

매 최대속력
시속 389km

바늘꼬리칼새 최대속력
시속 170km

치타 최대속력
시속 120km

세상에서 가장 빠른 새

날 수 있다는 건 새의 가장 큰 특징이에요. 새 말고도 잠자리 같은 곤충, 날치 등 물고기, 박쥐 같은 포유류 속에서도 날 수 있는 동물이 있으나, 새처럼 능숙하게 나는 동물은 없어요.

새의 비행 능력이 얼마나 대단한지 살펴볼까요?

기이하고 놀라운 세계 기록을 모은 책, 《기네스북》에는 '세상에서 가장 빠른 새' 두 종류가 소개되었어요. 바늘꼬리칼새는 시속 170km로 날 수 있는데, 수평 비행하는 동물 중 가장 빠른 속력이에요. 다이빙하듯이 아래로 가장 빨리 나는 건 매예요. 무려 시속 389km란 기록이 있어요.

육상동물 중 가장 빠른 치타의 최대속력이 시속 120km이니, 두 새가 얼마나 빠른지 알겠죠?

유럽칼새는 쉬지 않고 오랜 시간 나는 것으로 유명해요. 유럽칼새는 한 번 날아오른 뒤에 좀처럼 내려앉지 않고 10개월 동안 계속 날아요. 이 대단한 비행 능력의 비밀은 무엇일까요?

제비처럼 긴 날개와 날렵한 몸매를 지닌 유럽칼새는 유럽을 떠나 서아프리카를 통해 중앙아프리카의 열대우림에 간 뒤, 다시 유럽으로 돌아오는 철새예요. 새끼를 낳아 키우는 시기 빼고는 땅에 내려앉지 않는다는 걸 많은 연구자들이 오래전부터 알았지만, 증명할 수단이 마땅히 없었어요. 과학기술이 발전하면서 가능해졌죠.

스웨덴 연구팀은 유럽칼새 19마리의 몸에 무게 1g의 데이터기록장치

를 붙여 이동 위치나 속도 등의 비행 정보를 모았어요.

그 내용을 분석하니 일부 새가 약간만 앉아 쉰 거를 빼고는 유럽칼새 대부분이 정말 10개월 동안 단 한 번도 내려앉지 않고 계속 날았어요. 먹는 것도 자는 것도 모두 공중에서 한 셈이죠.

새의 비행 능력은 정말 놀랍지 않나요?

나는 데 알맞게 변화한 몸

 하늘을 나는 새를 보고 '날개만 있으면 나도 새처럼 어디라도 날아갈 수 있을 텐데.'라고 생각한 적 있나요? 하지만 만약 우리가 날개를 가지더라도 새처럼 하늘을 날 수 없어요.
 새는 오랜 세월 동안 몸이 하늘을 나는 데 알맞게 조금씩 변화해 왔어요. 날려면 무엇보다 먼저 몸이 가벼워야 해요. 그런데 인간을 비롯한 포유류의 뼈는 두께가 있고, 뼛속은 적혈구, 백혈구, 혈소판 같은 혈액세포를 만드는 골수로 가득 차 있어요.

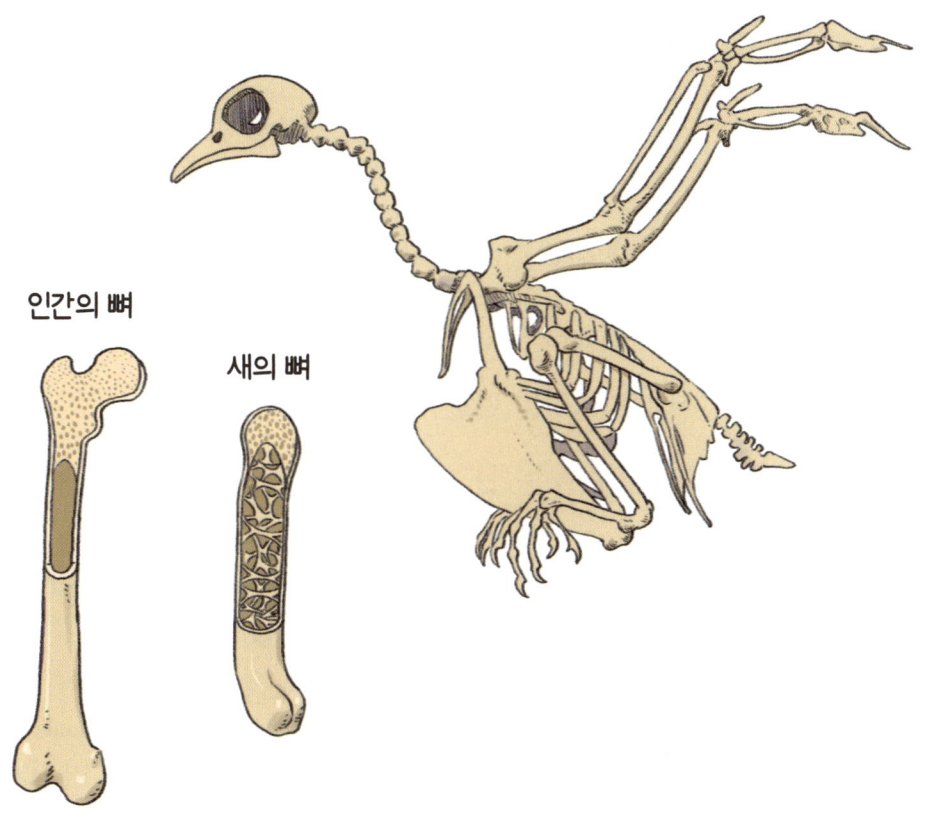

인간의 뼈

새의 뼈

한편 새의 뼈는 얇고, 주된 뼛속은 텅 비어 있어서 가벼워요. 속이 비어 있으면 단단하지 못하고 부러지기 쉬운데, 작은 뼈들이 뼈대를 탄탄히 받치고 있어 단단해요.

무게를 줄이기 위해 새는 뼈의 수도 줄였어요. 턱이나 이빨은 무거우니 가벼운 부리로 바꾸었어요. 손가락과 발가락도 줄였고, 꼬리뼈도 없앴어요. 일부 뼈는 서로 들러붙었죠. 뼈가 들러붙은 곳은 움직이기 어려워 오히려 더 단단해졌어요.

인간의 모든 뼈는 몸무게의 15~20%를 차지하지만, 작은 새의 경우 약 5% 정도예요. 미국을 대표하는 새, 흰머리수리는 몸무게가 4kg 정도인 큰 새인데도 전체 뼈의 무게는 270g밖에 안 돼요.

새는 큰 날개를 아래위로 힘차게 날갯짓해요. 그래서 날개를 움직이는 가슴의 근육(큰가슴근과 작은가슴근)이 매우 발달했어요.

새가 날개를 아래로 내려칠 때는 큰가슴근을, 위로 올려 칠 때는 작은가슴근을 써요. 새 중에는 큰가슴근이 몸무게의 25%나 차지하는 새도 있다고 해요.

반면 인간은 큰가슴근이 몸무게의 1% 채 되지 않아요. 이런 적은 근육으로는 날개가 있더라도 힘차게 날갯짓하지 못하죠.

새들은 배안 장의 길이가 짧아요. 빠른 배설을 통해 몸을 가볍게 하기 위해서죠. 무게를 줄이기 위해 오줌을 배설하는 기관도 따로 없어요. 그래서 오줌에 해당하는 '요산'이 똥에 섞여 나와요. 새똥에 섞인 흰색이 바로 요산이에요.

인간이 날개를 가지더라도 날 수 없는 이유를 이제 알겠죠?

쇠재두루미

새가 히말라야산맥을 넘을 수 있는 이유

쇠재두루미나 인도기러기(줄기러기)는 히말라야산맥(해발 7000~8000m)을 넘어 이동해요.

높이 8000m 고산 지대에서는 공기 중 산소량이 우리가 사는 낮은 곳의 3분의 1 정도예요. 산소가 부족해 산소마스크와 같은 특별한 장치가 꼭 필요하며 그걸 부착해도 수십 미터 걷는 것만으로도 힘이 들죠. 그런데 쇠재두루미나 인도기러기는 어떻게 괜찮은 걸까요?

새는 날개를 푸드덕대며 날아올라요. 이는 우리가 생각하는 것보다 훨씬 힘들어요. 만약 우리가 새와 같이 한다면 5분도 견디지 못할 텐데, 새는 몇 시간도 계속 푸드덕거릴 수 있어요. 그 수수께끼를 푸는 열쇠는 바로 '호흡'이에요.

포유류는 숨을 쉬면서 공기 속의 산소를 얻어요. 산소는 몸을 움직이는 데 꼭 필요하죠. 그러고는 숨을 내쉬면서 몸에서 생긴 불필요한 이산화탄소를 내보내요.

인도기러기

비행이란 힘든 일을 하려면 새는 포유류보다 더 많은 산소가 필요해요. 게다가 쇠재두루미나 인도기러기처럼 산소가 희박한 곳에서도 나니까 더욱 효율이 높은 방법으로 호흡해야 하죠. 오직 새만 가진 '기낭(공기주머니)'이 그걸 가능하게 해요!

새의 폐(허파)는 포유류보다 좀 작아요. 그 대신 기낭이란 얇은 막 주머니가 기관지에서 뻗어 있어요. 기낭의 수는 종에 따라 달라서 많은 종이면 6~12개가 내장이나 뼛속을 메우는 듯 몸 전체로 퍼져 있어요.

포유류의 폐는 갓 들이마신 신선한 공기와 몸에서 사용한 공기가 함께 섞여 있어요. 반면 새의 폐는 기낭 덕분에 숨을 내쉴 때와 들이쉴 때 늘 신선한 공기를 얻죠.

새가 숨을 들이쉬면 바깥의 신선한 공기가 기낭과 폐로 들어가고, 숨을 내쉬면 기낭에 저장되었던 공기가 폐로 들어가요. 이 짜임새로 새의 폐는 항상 산소를 혈액에 보낼 수 있어요. 새의 이런 호흡 방법은 공룡에서 이어받았답니다.

기낭은 공기를 저장하거나 밀어내는 역할을 할 뿐, 산소와 이산화탄소의 교환은 폐에서 이루어져요. 이 과정 덕분에 새는 높은 효율로 산소를 사용하며 비행할 수 있어요.

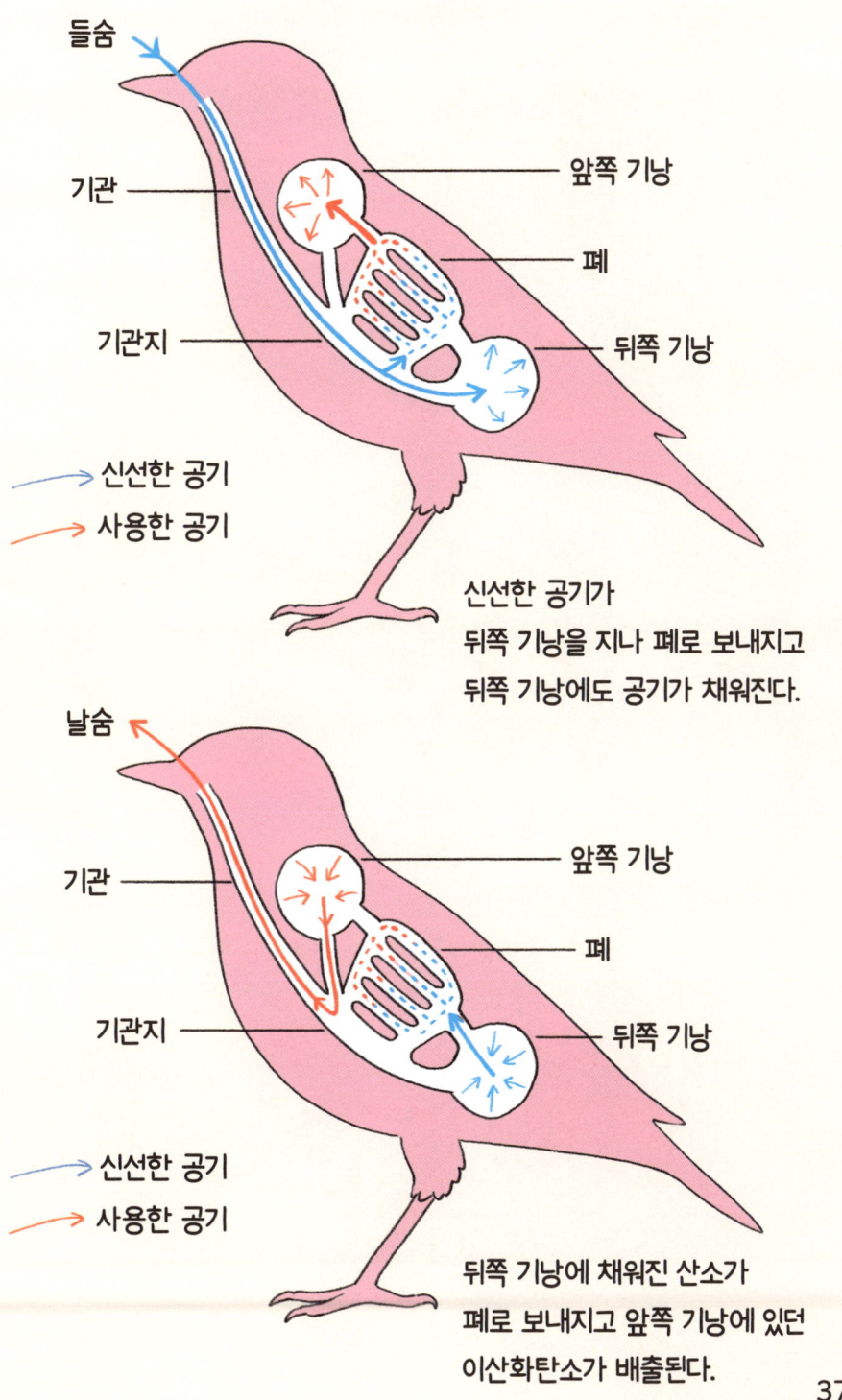

철새는 왜 이동할까?

새 중에는 새끼를 낳아 키우는 곳인 '번식지'와 겨울을 나는 곳인 '월동지' 사이를 이동하는 새가 있어요.

제비처럼 곤충을 잡아먹는 새는 봄에서 여름에 먹이가 많아 새끼를 낳아 키우는 데 알맞은 우리나라를 찾아와요. 하지만 겨울이 되면 곤충이 적어지니 겨울이라도 먹이가 있는 남쪽의 나라로 이동하지요.

우리나라보다 추운 북쪽 나라에서 새끼를 낳아 키우는 청둥오리는 북쪽 나라 겨울이 몹시 추워 덜 추운 우리나라로 찾아와 겨울나기하다가 봄에 다시 북쪽 나라로 돌아가요.

제비처럼 봄에 번식하러 우리나라를 찾아오는 새를 '여름 철새'라 하며, 청둥오리처럼 겨울나기하러 우리나라를 찾아오는 새를 '겨울 철새'라 해요.

이동하는 중에 잠시 들렀다가 먹이를 먹거나 쉬면서 체력이 회복되면 다시 떠나는 새를 '나그네새'라 부르며, 알락꼬리마도요 같은 도요새나 물떼새가 대표적인 종이에요.

이동하지 않는 새도 있어요. 참새처럼 1년 내내 우리나라에서 볼 수 있는 새를 '텃새'라 해요. 그런데 찌르레기처럼 여름 철새이자 남부 지역에서는 텃새인 새도 있어요.

세상에서 가장 먼 거리를 이동하는 새는 북극과 남극을 오가는 북극제비갈매기예요. 왕복 이동 거리가 약 7만 km에 이른다고 해요.

북극제비갈매기는 보통 30년을 살아요. 가령 왕복 7만 km를 30년 동안 이동한다면 그 거리는 210만 km에 달해요. 지구에서 달까지 거리가 약 38만 4400km이니, 왕복하면 76만 8800km가 돼요. 북극제비갈매기의 이동 거리 210만 km는 지구와 달 사이를 3번 왕복하는 셈이에요.

새들이 이동하는 주된 까닭은 먹이 때문이에요. 쇠기러기나 큰고니가 겨울에 우리나라를 찾아오는 것은 번식지인 시베리아 지방이 눈과 얼음으로 덮여 먹이를 얻지 못해서예요. 까치나 참새 같은 텃새는 겨울에도 먹을 것이 있어 이동하지 않죠.

다시 말해 새의 먹이가 무엇인가에 따라 달라요. 같은 부엉이라도 주로 곤충을 잡아먹는 솔부엉이는 여름 철새인데, 우리나라에 사는, 다른 새나 동물을 잡아먹는 수리부엉이는 이동하지 않죠.

더 알아보아요
세계 1등 새들

세상에는 약 1만 종에 달하는 다양한 새가 있어요. 그중에는 놀라운 능력이나 신기한 삶을 누리는 새가 많이 있죠. 세계 1등 새들을 살펴볼까요?

✱ **몸 크기, 몸무게, 달리는 속도, 알 크기 1등!**

타조는 네 분야에서 세계 1등 타이틀을 가진 새.

몸 크기 – 수컷 몸길이 2.7m.

몸무게 – 약 150kg.

달리는 속도 – 시속 70km.

알 크기 – 길이 최대 20cm, 무게 2kg.

✸ 세상에서 가장 작은 새

세상에서 가장 작은 새는 꿀벌벌새.
몸무게 2g, 몸길이 4~6cm.

✸ 세상에서 가장 느린 새

세상에서 가장 느린 새는 아메리카멧도요.
최저 비행 속도는 시속 8km. 어른의 빠른 걸음이 시속 6km.

너⋯별⋯로⋯빠⋯르⋯지⋯않⋯아⋯

❋ 세상에서 가장 높이 나는 새

세상에서 가장 높이 나는 새는 루펠독수리. 해발 11300m 비행 기록이 있음.

❋ 세상에서 가장 긴 날개를 가진 새

세상에서 가장 긴 날개를 가진 새는 나그네앨버트로스. 날개폭이 보통 3m, 최대 3.5m 기록이 있음.

경차 길이 3.6m

✳ 세상에서 가장 깊이 잠수하는 새
세상에서 가장 깊이 잠수하는 새는 황제펭귄. 깊이 564m까지 잠수한 기록이 있음.

03 새의 뛰어난 지능

1위 누벨칼레도니까마귀

2위 케아앵무

3위 회색앵무

수천 개 도토리 숨긴 자리를 기억하는 어치

우둔한 사람을 놀릴 때 '새대가리'란 말을 많이 사용해요. 그런데 최근 새가 머리 나쁘다는 건 터무니없는 오해며, 새는 침팬지만큼 머리가 좋다는 사실이 과학적으로 명확히 증명되었어요.

새는 약 1만 종이 있어요. 5500종 포유류보다 두 배 가까이 많아요. 모든 새가 다 유인원만큼 머리가 좋은 건 아니에요.

캐나다의 생물학자 루이스 르페브르는 세계 최초로 '새들의 지능지수(IQ)'를 만들어 2005년에 발표했어요.

이 새들의 지능지수에 따르면, 가장 머리 좋은 새는 까마귓과이며 그 다음은 앵무새, 잉꼬새 종류 순이에요.

머리가 좋다는 건 보통 '기억력', '이해력', '학습하는 능력' 등이 뛰어나다는 걸 말해요. 새가 얼마나 머리 좋은지 우선 기억력에 관한 이야기부터 할게요.

까마귓과에는 식물의 열매나 씨앗을 나무 틈이나 땅속에 숨겨두다가 먹이가 적은 겨울에 찾아내어 먹는 새가 있어요. 어치는 영양가 높은 도토리를, 잣까마귀는 솔방울 속에 들어 있는 소나무 씨앗을 숨겨요.

아메리카 대륙에 사는 클라크잣까마귀는 그 수가 2천 군데 이상, 어치는 무려 4천 군데 이상이라고 해요.

어치나 잣까마귀의 기억력은 뛰어나 길면 수개월 동안이나 몇천 군데 숨긴 자리를 기억하고 거의 잊지 않아요!

재미있는 건 숨기는 모습을 경쟁자가 보면, 일단 거기에 숨겨놓았다가 이후 다시 찾아와 다른 데로 옮겨요. 경쟁자가 보고 있는 걸 알아도 모르는 척 속이는 거죠. 이런 일은 어리석다면 절대 하지 못하겠죠?

우리는 흔히 "봄에 도토리 싹이 트는 건 어치가 땅속에 숨겨놓은 걸 잊은 덕분이야."라고 말해요. 하지만 어치가 들으면 아마 코웃음 치며 이렇게 말할 거예요.

"흥, 우린 혹시 있을지도 모르는 뜻밖의 일을 생각해 자기가 먹는 양보다 더 많이 숨겨놓거든. 이제 봄이 와서 찾아낼 필요가 없어 그냥 내버려뒀을 뿐이야."

그림을 구별하는 비둘기

새가 얼마나 머리 좋은지, 다음은 '이해력'에 관한 이야기를 할게요. 인간은 어떤 물건을 보면 의식적으로나 무의식적으로 물건이 어떤 그룹에 속하는지 분류해요.

예를 들어 길가에 긴 물건이 떨어져 있으면, 나무인지 금속인지 플라스틱인지 살펴봐요.

그림을 보면, 한국화인지 서양화인지 살피거나 물감을 기름에 개어 그린 유화인지, 물감을 물에 풀어서 그린 수채화인지 분류하면서 그려진 그림의 내용을 이해하려고 애쓰죠.

그렇다면 새는 그림을 인간처럼 구별해 알아볼 수 있을까요? 한 연구에 따르면, 그림을 그린 방법이 전혀 다른 두 화가의 그림을 8마리 비둘기한테 보이고 그들의 이해력을 시험해 보았어요.

<수련> 등의 그림으로 유명한 '모네'의 그림과 대벽화 <게르니카>로 유명한 '피카소'의 그림을 각각 10개 작품씩 보여 주고 잘 구별하면 먹이를 주는 식으로 비둘기를 훈련했어요. 여러 번 훈련한 뒤, 이번에는 이때까지 한 번도 보여 준 적 없는 모네와 피카소의 그림을 보여 주었죠.

비둘기는 모네와 피카소의 그림을 구별할 수 있었을까요?

비둘기는 두 화가의 그림을 정확하게 구별했어요. <해바라기> 그림으로 유명한 '고흐'와 <나와 마을> 그림으로 유명한 '샤갈'의 그림으로 바꾸어 훈련해도 똑같이 구별해 내었답니다.

비둘기는 여러 화가의 그림 특징을 잘 이해하고, 그림을 그린 방법과 분위기 등을 파악해 어떤 화가의 그림인지 인간처럼 멋지게 분류해 내었어요!

음악을 구별하는 문조

그렇다면 새는 음악도 구별할 수 있을까요? 연구자들은 반려동물로 잘 알려진 문조로 실험해 보았어요.

'바흐'의 클래식 음악과 '쇤베르크'의 현대 음악을 문조에게 들려주었어요. 조건을 같게 하려고 두 작가의 작품 가운데 피아노곡을 선택했고, 한 피아니스트가 두 가지 곡을 연주하여 녹음했어요.

한쪽의 곡이 들려왔을 때 연구자가 지정한 홰에 올라앉으면 먹이를 받을 수 있어요. 충분히 훈련한 뒤 그 곡의 다른 부분을 듣게 했어요.

문조는 클래식 음악과 현대 음악을 구별할 수 있었을까요?

문조는 두 음악의 특징을 잘 이해하고 명확하게 식별해 내었고, '비발디'와 '엘리엇 카터'의 음악으로 바꾸어 똑같은 실험을 해도 명확하게 식별해 내었어요.

도대체 문조는 어떻게 음악을 구별했을까요? 연구자는 아마도 문조가 클래식에서는 거의 사용하지 않는 '불협화음(안어울림음)'이 현대 음악에 들어 있는 걸 알아내어서 두 가지 음악을 구별했다고 추측하고 있어요.

도구를 쓰고 만드는 누벨칼레도니까마귀

새가 얼마나 머리 좋은지, 마지막으로 '학습하는 능력'에 관해서도 이야기해 볼게요.

오스트레일리아 동북쪽에 있는 누벨칼레도니섬에 사는 누벨칼레도니까마귀가 어떻게 도구를 쓰고 만드는가에 대해 구체적으로 이야기할게요.

이 새는 썩은 나무에 난 구멍 깊숙한 곳에 하늘소 애벌레 등이 숨어 있는 걸 눈과 귀를 이용해 알아내요. 하지만 자기의 부리로 깊숙이 있는 벌레를 잡지 못해요. 딱따구리처럼 쿡쿡 찔러서 구멍을 넓힐 수도 없고, 긴 혀도 없거든요.

그래서 이 까마귀는 도구를 사용해요. 작은 나뭇가지를 물고 구멍 속에 꽂아서 애벌레를 찔러요. 몇 번 반복하면 화난 애벌레가 가지를 물고, 그 순간 바로 가지를 뽑으면 가지를 문 채 애벌레도 함께 구멍 밖으로 나와요. 그러면 누벨칼레도니까마귀가 덥석 먹어 버려요.

또한, 양 갈래로 자란 나뭇가지를 잘 꺾어서 끝을 갈고랑이 모양의 도구로 만들어 그걸 나무 구멍에 꽂아 구멍 안에 있는 애벌레를 걸어서 꺼내기도 해요.

누벨칼레도니까마귀 중 어린 까마귀는 자라면서 어른 까마귀가 하는 이런 행동을 보고 도구 만들기와 쓰는 방법을 학습해요. 오래전부터 그런 모방이 연면히 이어져 온 거죠.

본받을 어른이 없다면 과연 어떨까요? 2002년 영국 옥스퍼드 대학 실험실에서는 본보기가 전혀 없는 상태에서 암컷 누벨칼레도니까마귀 '베티'를 데리고 실험했어요.

우선 작은 양동이 속에 먹이를 집어넣고 그걸 길쭉한 플라스틱 용기에 넣었어요. 베티는 먹이를 먹고 싶은데도 부리가 닿지 않아 먹을 수 없었죠.

그런 베티한테 주어진 건 쉽게 구부러질 수 있는 10cm쯤의 곧은 쇠줄이었어요.

베티는 쇠줄을 난생처음 보았어요. 처음 베티는 그저 쇠줄을 물고 플라스틱 용기에 집어넣었으나, 당연히 양동이를 꺼내지는 못했죠.

여러 방법을 시도해 본 끝에 베티는 쇠줄은 구부릴 수 있고, 끝을 갈고랑이 모양으로 하면 양동이 손잡이에 걸 수 있다는 사실을 알았어요. 그렇게 구부린 쇠줄로 멋지게 양동이를 꺼내어 먹이를 먹었어요! 이처럼 누벨칼레도니까마귀는 스스로 생각해서 도구를 만들고 쓸 줄 알아요!

사람과 직접 대화한 회색앵무

2007년 9월 6일, 미국의 신문 <뉴욕 타임스>는 '천재 회색앵무 죽음, 마지막까지 감동적'이란 제목으로 세상에서 가장 유명한 회색앵무 '알렉스'의 죽음을 알렸어요.

신문 기사는 알렉스를 이렇게 소개했어요.

"알렉스는 색이나 모양을 알아맞힐 수가 있었고, 영어로 100개 이상의 단어를 능숙하게 사용할 수 있었다. 말할 수 있는 새로는 그가 세상에서 가장 유명했다고 할 수 있다."

앵무새는 오래 사는 새로 알려져 있는데, 알렉스는 31살 나이(사육되었을 때 수명 약 50년)로 갑자기 세상을 떠났어요. 워낙 유명했기에 다른 신문이나 텔레비전에서도 소식을 대대적으로 보도했고, 소식은 전 세계로 전해졌어요.

알렉스를 훈련한 아이린 페퍼버그 박사는 어떤 방법으로 알렉스에게 말을 가르쳤을까요?

"이것은 뭐예요?"

"이건 빨간색이랍니다."

선생님과 학생 역할을 하는 두 명이 알렉스 앞에서 위와 같은 대화를 되풀이해 보였어요.

대화하는 방법을 알렉스가 이해한 뒤에는 알렉스에게 질문하는 식으로 차근차근 가르쳐 갔어요.

회색앵무 알렉스는 최종적으로 빨간색이나 파란색 등의 색을 이해했고, 삼각형이나 사각형 등의 모양, 종이나 가죽 등 물건의 재료와 1~6까지의 숫자까지도 이해했어요.

예를 들어 알렉스가 내려볼 수 있는 곳에 색이 붙은 네모난 물건 열 몇 개를 나란히 놓고 페퍼버그 박사가 "녹색인 건 몇 개?"라고 질문하면 알렉스는 "세 개."라고 대답했어요.

파란 빨래집게, 파란 열쇠, 파란 가위 등을 나란히 놓고 페퍼버그 박사가 "세 물건의 공통점은 뭐지?" 물으면 알렉스는 똑똑하게 "색!"이라 답했어요. "어떤 색?"이라 물으면 "파란색."하고 색깔까지 알아맞혔고요.

그뿐만 아니에요. 어느 날, 박사가 가르치는 대학생이 시끄럽게 떠들었을 때 알렉스는 학생한테 "나가!"라고 말했어요.

알렉스가 세상을 떠나기 전날 밤, 페퍼버그 박사가 알렉스를 새 우리로 되돌려 보낼 때 알렉스는 이렇게 이야기했답니다.

"잘 지내. 내일 봐. 사랑해."

알렉스가 남긴 마지막 말이 감동적이지 않나요? 새에게도 인간처럼 '마음'이 있어요.

새는 '새대가리'가 아니다!

새가 얼마나 똑똑하고, 머리가 좋은지 이제 충분히 알았죠?

새의 뇌는 다른 동물보다 커요. 인간의 뇌 무게는 1200~1500g이며 뇌의 무게는 몸무게의 2~2.5%를 차지해요.

십자매의 뇌 무게는 약 0.5g이며 뇌의 무게는 몸무게의 약 3.3%나 차지해요. 인간보다 크죠?

그런데 왜 지금까지도 우둔한 사람을 '새대가리'란 말로 놀릴까요? 그건 사람들이 100년 넘게 '상식'으로 여겨 온 잘못된 과학 지식 때문이에요.

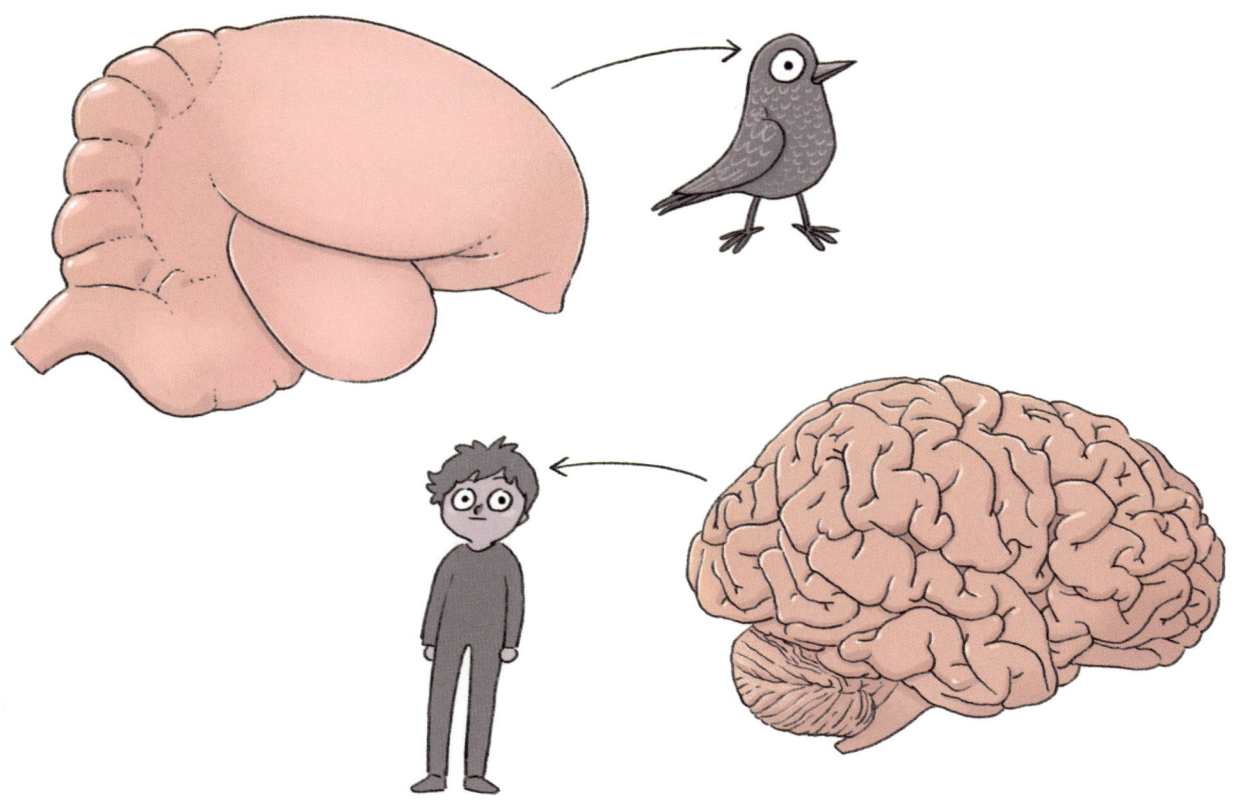

"뇌에는 주름이 있어. 그 주름이 많으면 많을수록 똑똑해! 머리가 좋단 말이지!"

여러분도 한 번쯤 이런 이야기를 들어본 적 있죠? 그런데 새의 뇌에는 주름이 하나도 없어요. 사실 쥐나 실험용 쥐의 뇌에도 주름이 없어요.

뇌에 주름이 없다는 건 역시 머리가 나쁜 거라고 생각했나요? 그런 까닭에 사람들은 새가 멍청이라는 건 과학적으로 증명된 상식이라 여기고 100년 넘게 새대가리란 말을 사용했어요.

그런데 세월이 흐르면서 이것에 의문을 가진 연구자들이 뇌의 주름과 지능의 연관성을 연구하기 시작했어요. 그리고 지금은 뇌의 주름과 지능은 과학적으로 연관이 없다고 생각해요. 왜냐하면, 머리 좋은 원숭이 비단마모셋의 뇌에는 주름이 없는데, 이보다 머리가 좋지 않은 페럿에는 주름이 있으니까요.

사실 뇌의 크기나 주름이 아니라 뇌세포의 수와 뇌세포 간의 연결 정도에 따라 지능이 결정돼요.

또한, 새의 뇌는 포유류의 뇌와 전혀 다른 구조라는 것도 밝혀졌어요. 포유류는 대뇌반구의 '표면'을 덮고 있는 '대뇌피질'을 발달시켜 왔어요. 대뇌피질은 진화 과정에서 가장 발달한 인류의 뇌에서 가장 왕성하게 발달했어요.

새는 대뇌반구 '내부'를 발달시켜 왔어요. 새 뇌에는 얼핏 대뇌피질이 없는 것처럼 보이지만, 대뇌피질에 해당하는 다른 부분을 발달시켜 왔기에 똑똑한 거예요.

세상에는 같은 컴퓨터라도 '정보를 처리하는 방법'이 다른 컴퓨터가 있거든요. 이처럼 포유류와 새의 뇌는 '처리 방법'이 다를 뿐이에요.

> 🔎 더 알아보아요

도구를 쓰는 새들

새의 부리는 사람의 손처럼 여러 재주가 있어요. 하지만 부리만으로는 얻을 수 없는 먹이도 있거든요. 그럴 때 새는 도구를 쓰기도 해요.

✳ 단단한 껍데기를 깨다

이집트대머리수리는 타조알을 아주 좋아한다. 그런데 타조알은 단단해서 부리로 아무리 찔러도 깨지지 않는다. 알이 무거워서 물고 공중에서 떨어뜨리기도 어렵다. 이집트대머리수리는 영리하게 돌을 이용한다. 부리로 돌을 물어 알에 내리쳐 구멍을 내거나 큰 돌을 던져서 알을 깬다.

✳ 자동차를 이용하다

까마귀도 멋지게 도구를 사용해 먹이를 먹는다. 이들은 호두 같은 단단한 열매를 먹으려고 자동차가 지나가는 도로에 열매를 두었다가 자동차 바퀴에 눌려 깨진 열매 속살을 먹는다.

✱ 가짜 미끼로 물고기를 낚다

검은댕기해오라기는 낚시꾼 못지않게 물고기를 낚는다. 물고기들이 먹는 작은 곤충 말고도 나뭇가지나 잎, 깃털 등을 수면에 던지거나 띄워서 물고기를 꾀어내 수면에 올라온 걸 잡는다.

✱ 똥으로 곤충을 사냥하다

굴파기올빼미는 땅에 굴을 파고 이를 둥지로 사용한다. 굴파기올빼미의 주식은 곤충인데, 곤충을 쉽게 잡기 위해 둥지 앞에 아메리카들소(바이슨) 등 다른 포유류가 싼 똥을 뿌려 놓는다. 풍뎅이나 파리 같은 곤충들이 똥을 찾아오면 날름 잡아먹는다.

04 '보통 새'의 재미난 생태

엄마, 나 젖 먹고 힘이 세지는 거 같아요.

모이주머니

비둘기는 새인데도 '젖'으로 새끼를 기른다고?

포유류는 한자로 '먹일 포(哺)', '젖 유(乳)', '무리 류(類)'로 '새끼한테 젖을 먹여 키우는 무리'를 뜻해요. 인간을 비롯한 포유류는 새끼를 낳아 젖을 먹여 키워요. 이 점이 다른 생물들과 다른 포유류만의 특징이에요.

그런데 비둘기는 새인데도 '젖'으로 새끼를 키워요. 그러면 비둘기는 조류가 아니라 포유류로 분류해야 할까요?

새에게는 식도의 중앙 조금 아래쪽에 먹이를 잠시 저장할 수 있는 '모이주머니(소낭)'가 있어요. 비둘기들은 모이주머니에서 포유류의 젖과 비슷한 분비물인 '비둘기 젖(피전 밀크)'을 만들 수 있어요. 영어로 '피전(Pigeon)'은 비둘기, '밀크(Milk)'는 젖이란 뜻인데, 진짜 젖은 아니에요. 비둘기 젖은 모이주머니 안쪽 상피세포가 자라다가 떨어져 나오면서 만들어지는 분비물로, 새끼에게 필요한 지방, 단백질 등이 듬뿍 들어 있어요.

동물들은 새끼를 키우는 데 충분한 먹이가 있는 시기를 기다려서 새끼를 낳아요. 남쪽 나라에서 우리나라로 찾아오는 여름 철새인 솔부엉이도 새끼에게 먹이로 주는 곤충들이 충분히 있는 시기를 기다리고 우리나라를 찾아오지요.

그런데 비둘기들은 '비둘기 젖'으로 새끼를 키우니 다른 새처럼 먹이가 많은 계절에 번식할 필요가 없어요. 비둘기는 어느 계절이라도 번식할 수 있어요. 추위가 없고 먹이가 보장된다면 추운 시기라도 번식이 가능하죠.

비둘기 젖은 늘 분비되므로 1년 내내 번식하면서도 먹이를 따로 구하지 않아도 되고, 수컷도 '젖'을 만들 수 있어 새끼는 눈 깜짝할 사이에 커져요. 이렇듯 비둘기는 비둘기 젖이란 특수한 젖 덕분에 세계 어느 곳에서나 왕성하게 자손을 늘릴 수 있어요.

이런 특수한 젖을 만들 수 있는 새는 비둘기 말고도 플라밍고, 황제펭귄 등이 있답니다.

참새는 가을에 자취를 감춘다고?

여러분이 가장 잘 아는 친근한 새는 아마도 참새일 거예요. 그건 참새가 사람이 사는 집 근처에 살며 인간과 더불어 살고 있기 때문이에요.

보통 새는 사람이 있는 걸 싫어하지만, 참새는 적극적으로 사람 곁에서 살아요. 그건 그들의 천적인 까치, 까마귀, 뱀, 족제비 등의 적이 인간이 있는 곳을 피하기 때문이에요.

　사람 곁에 살면 둥지를 틀 만한 장소가 많이 있어 참새에게도 좋아요. 자연의 나무 구멍도 이용하지만, 지붕 기와 밑이나 도로 표지판 뒤쪽 구멍 등과 같이 인간이 만든 여러 인공물의 틈새에 풀 따위를 깔아서 둥지를 만들어 새끼를 낳아 키워요.

　참새 어미 새가 새끼한테 주는 먹이는 곤충과 식물이에요. 특히 메뚜기, 나방, 진딧물 등을 잘 날라서 먹여요. 식물의 씨도 영양이 풍요하니 잘 먹이죠.

이렇게 사람 곁에서 사는 참새지만, 가을이 되면 시가지에서 일제히 자취를 감춰요. 옛날 중국에서는 그 많았던 참새가 갑자기 사라진 이유를 몰라서 '가을에 참새는 바다에 들어가 대합이 된다.'라고 생각했어요.

참새는 도대체 어디로 간 걸까요? 참새는 겨울을 날 체력을 키우기 위해 농촌으로 이동한 거예요. 농가 사람들에게는 골치 아픈 일이지만, 여문 벼 이삭 등을 먹으려고 논밭이 있는 곳으로 이동해요. 겨울이 와서 먹이가 없어지면 다시 시가지로 돌아와 봄을 기다리지요. 이처럼 참새는 인간을 여러모로 이용하면서 살고 있어요.

때까치는 사냥한 먹이를 나뭇가지에 꽂아둔다고?

때까치는 맹금류가 아닌데도 '작은 맹금류'로 불려요. 매나 수리, 올빼미와 부엉이 같은 육식성 새를 '맹금류'로 부르죠. 때까치는 이들보다 훨씬 몸이 작아도 고기를 먹는 우수한 사냥꾼이에요.

때까치
촉새
개똥지빠귀
멧비둘기

　이들은 개구리나 도마뱀, 메뚜기 등 여러 동물을 먹으며 성격이 거칠어서 가끔 참새나 촉새 등의 작은 새, 멧비둘기나 개똥지빠귀 같은 자기보다 몸이 큰 새까지 습격해서 먹어요.

그런데 때까치는 모처럼 사냥한 먹이를 바로 먹지 않고 나뭇가지나 가시 등에 꽂아두는 일이 자주 있어요. 이는 '때까치의 사재기'로 불려요.

때까치는 왜 먹이를 보관하는 걸까요? 먹이가 적은 시기를 대비해 저장해 놓는 걸까요? 아니면 '여기는 내 구역이야!' 주장하려고 영역 표시를 하는 걸까요?

여러 설이 있어서 오랫동안 그 까닭을 알 수 없었어요. 그런데 최근에 겨우 그 이유가 과학적으로 밝혀졌어요.

연구자가 주목한 건 꽂아둔 먹이를 먹는 시기예요. 번식기에는 때까치 수컷이 노래를 열심히 불러서 암컷에게 청혼하거든요. 번식기에 들어설 무렵에 수컷이 모아둔 먹이를 적극적으로 먹는 사실이 밝혀졌어요.

꽂아둔 먹이가 많아서 충분히 영양을 얻은 수컷일수록 노래를 잘 불러서 청혼에 성공한답니다.

넓적부리는 집단으로 빙빙 돈다고?

1장에서 넓적부리의 부리를 소개했어요. 겨울 철새인 넓적부리는 물속 작은 생물인 플랑크톤을 즐겨 먹는데, 그에 알맞은 폭이 넓고 납작한 부리를 갖고 있어요.

이들 부리는 그저 넓기만 한 게 아니에요. 아래위 부리 양 끝에는 빗처럼 생긴 작은 돌기가 붙어 있어요. 그 덕분에 물과 함께 들이마신 플랑크톤은 입에 남고 물은 부리 밖으로 내보낼 수 있죠.

플라밍고도 넓적부리의 부리와 비슷한 독특한 형태의 부리를 가지

고 있어요. 밑으로 굽어진 독특한 부리로 플라밍고도 플랑크톤을 걸러 먹죠. 플라밍고가 분홍색이나 빨간색 깃털인 건 이들이 즐겨 먹는 식물플랑크톤의 색소가 깃털 조직에 쌓여서 그래요. 갓 태어난 새끼는 하얗거든요.

플라밍고도 비둘기처럼 '젖'을 만들 수 있어요. 그 젖 속에도 색소가 들어 있어 하얀 깃털이었던 새끼의 깃털도 점차 붉은색을 띠게 돼요.

넓적부리는 '젖'은 만들지 못하지만, 그들만의 특이한 '식사법'이 있어요. 그건 바로 무리를 지어 수면을 다 같이 같은 방향으로 빙빙 도는 거예요!

넓적부리들은 어째서 다 같이 도는 걸까요? 그것 역시 이들이 즐겨 먹는 플랑크톤과 깊은 연관이 있어요.

넓적부리들이 힘을 모아 다 같이 같은 방향으로 빙빙 둥글게 돌면 물속에 큰 소용돌이가 생겨요. 그 소용돌이를 따라 플랑크톤이 물 밑에서 떠올라요. 흩어져 있던 플랑크톤도 소용돌이 안으로 자꾸 모여요. 그러면 혼자서 플랑크톤을 잡는 것보다 훨씬 더 많은 플랑크톤을 효과적으로 먹을 수 있으므로 넓적부리들은 집단으로 빙빙 돈답니다.

뻐꾸기는 스스로 새끼를 돌보지 않는다고?

최근 우리나라 새 연구자들은 뻐꾸기 등에 발신기를 붙여 이들의 이동 경로를 알아내는 데 성공했어요. 뻐꾸기들은 서해를 건너 중국, 미얀마, 인도를 거친 뒤 아라비아해를 횡단하여 아프리카 동부에 도착해 겨울나기하다가 다시 우리나라로 돌아와요.

뻐꾸기들은 여름 철새며, 그 이동 거리는 무려 2만 km에 이르는데, 어째서 이렇게도 먼 거리를 이동해서 우리나라로 찾아오는 걸까요?

그 까닭은 후손을 남기기 위해서랍니다. 그런데 뻐꾸기류는 스스로 새끼를 돌보지 않는다는 걸 알고 있나요?

뻐꾸기 새끼는 어미 새로부터 먹이를 받아먹지 않아도 되는 건가 궁금한 친구도 있을 거예요. 아니에요. 뻐꾸기류 새들은 다른 새의 둥지에 알을 낳아 대신 품어 새끼를 기르도록 해요. 이런 걸 '탁란'이라고 해요.

아프리카

소말리아

케냐

탄자니아

탁란하는 상대는 거의 결정되어 있어요. 뻐꾸기는 주로 개개비, 붉은머리오목눈이(뱁새), 때까치 등에 탁란해요.

탁란하는 상대 새가 잠시 둥지를 비우면 재빨리 근처에서 살펴보던 뻐꾸기 암컷이 둥지로 들어가 알을 하나 둥지 밖으로 떨어뜨린 뒤 자신의 알을 하나 낳아요. 둥지 안 알 수를 맞추는 거죠.

뻐꾸기류의 알은 다른 새의 알보다 며칠 일찍 부화해요. 그러면 그 새끼는 둥지 안의 알을 등으로 밀어서 다 둥지 바깥으로 떨어뜨려 버려요.

이렇게 해서 어미가 가져다준 먹이를 혼자 다 독점한 뻐꾸기 새끼는 자신을 길러 준 새보다 더 크게 자라요.

뻐꾸기처럼 탁란하는 새는 새 전체의 1%, 100종 정도로 알려져 있어요. 우리나라에는 뻐꾸기 말고도 두견이, 벙어리뻐꾸기, 매사촌 등이 찾아와요.

👀 더 알아보아요
날지 않는 새들

새의 가장 큰 특징은 하늘을 나는 거예요. 하지만 날지 않는 새도 있어요. 어떤 새가 있고, 무슨 까닭으로 날지 않는지 알아보아요.

* **타조**

    타조는 아득히 먼 옛날에는 하늘을 날았으나, 날개가 퇴화하여 날지 못하고 땅에서 생활한다. 비행 대신 빠른 속도로 달릴 수 있게 다리가 튼튼하고 하체의 근력이 매우 강하다.

* **펭귄**

    펭귄도 아득히 먼 옛날에는 날았다. 펭귄의 골격이나 발달한 소뇌는 날 수 있었다는 증거이다. 바다 생활에 매우 잘 적응한 펭귄은 점차 나는 것을 포기하고 잠수하는 능력을 발달시켜 왔다.

✱ 키위

아무리 나는 데 알맞게 몸이 변화했다고 해도 나는 건 육체적으로 힘이 많이 든다. 먹이가 충분히 있고 천적이 적다면 날 필요가 없다. 뉴질랜드나 태평양의 섬들에 사는 새는 날 필요가 없어서 날지 않게 되었다.

✱ 집오리

고기나 알, 깃털을 얻으려고 인간이 개량한 집오리나 닭은 날 수 없다. 인간이 길들이기 쉽고, 고기를 많이 얻기 위해 살찐 새를 골라서 오랫동안 길들인 탓에 나는 능력을 잃어버린 것이다. 집오리는 야생의 청둥오리부터 만들어진 가축이다.

05 새가 급격히 줄어들고 있어!

북아메리카에서 약 30억 마리가 사라졌다!

2019년 9월, 권위 있는 과학 잡지의 하나인 <사이언스>에 충격적인 논문이 실려 사람들을 아주 깜짝 놀라게 했어요.

미국의 코넬 대학 연구팀은 미국과 캐나다의 새 개체 수가 1970년대에는 약 101억 마리에 달했으나, 현재는 약 72억 마리로 29%가량 급격하게 줄었다고 밝혔어요. 약 30억 마리가 사라진 거예요!

사라진 숫자만으로도 충격적인데, 사라진 새 종류가 사람들에게 더욱더 큰 충격을 주었어요. 그건 참새처럼 우리 주변에서 흔하게 볼 수 있는 '보통 새'가 가장 많이 줄어들었기 때문이에요.

연구팀은 보통 새가 아예 사라질 단계는 아니지만, 가장 많이 줄어들며 큰 타격을 받고 있다고 분석했어요.

보통 새는 멸종 위기에 처한 새처럼 관심을 받지 못해요. 하지만 참새나 제비는 해로운 벌레를 먹고, 동박새나 직박구리는 꽃의 꽃가루를 옮겨 주며, 딱새나 방울새들은 열매를 먹어 식물의 씨앗을 옮겨 주어요.

또한, 흔한 보통 새가 줄어들면 이들을 잡아먹는 까마귀나 매 등 다른 새를 잡아먹는 새나 삵, 뱀 등 다른 동물도 먹이가 부족해서 줄어들 수밖에 없어요.

보통 새가 줄어드는 건 희귀한 새의 멸종보다 생태계에 미치는 영향이 엄청나게 커요!

그러면 이런 일이 미국과 캐나다에서만 일어나고 있을까요? 아니에요. 우리가 사는 아시아는 물론 전 세계에서 보통 새가 점점 줄어들고 있어요.

2021년(2016~2021년 조사)에 일본 정부가 20년 만에 전국 2344지점 대상을 대대적으로 실시한 조류 조사에 따르면 참새나 제비 등 친근한 보통 새가 줄어든 현실이 숫자상으로도 증명되었어요.

보도에 따르면 텃새인 참새는 1990년대(1997~2002년)에 3만 1159마리에서 2만 627마리로, 여름 철새인 제비도 1만 4978마리에서 8987마리로 줄었어요.

온난화로 먹이가 부족한 유럽박새

　새의 수가 줄어드는 원인은 여러 가지가 있어요. 도시 개발 등으로 서식지가 줄어들고, 새를 죽이는 길고양이가 늘어났으며, 새가 유리창에 부딪히는 '조류 충돌'도 원인이에요. 당연히 지구 온난화도요.

　지구 온난화가 새에 미치는 영향은 새마다 다르지만, 여기서는 유럽 전역에 널리 분포하는 텃새인 유럽박새를 예로 들어 간단히 설명할게요.

　생물은 계절의 변화에 맞추어서 살고 있어요. 가을이 되면 나뭇잎은 알록달록 물들고, 곰은 겨울잠을 자요. 이처럼 생물은 계절에 따라 행동이나 상태가 변화해요.

　유럽박새에게 먹이가 가장 많이 필요한 시기는 알을 낳은 뒤 21~30일 정도 지난 때예요. 그 시기에는 새끼가 다 자라서 독립하기 직전이거든요. 가장 많이 먹는데도 아직 혼자 먹이를 얻지 못하고, 게다가 새끼 수도 많은 시기죠.

　그래서 박새는 먹이인 나비나 나방 애벌레가 가장 많은 시기에 맞추어서 알을 낳아 새끼를 키워요. 이건 아득히 먼 옛날에서부터 몸에 밴 계절에 따른 행동이에요.

　그런데 지구 온난화로 애벌레들이 나타나는 시기가 빨라지면 박새는 새끼한테 먹이를 충분히 주기 어려워요.

그림을 봐요. 1985년에는 박새에게 먹이가 가장 많이 필요한 시기와 먹이인 애벌레가 많을 때가 거의 같아 아무런 문제가 없었어요.

그런데 20년이 지난 2005년을 볼까요. 애벌레 출현이 빨라진 바람에 박새에게 먹이가 필요한 때와 애벌레가 가장 많은 날이 들어맞지 않게 되었어요. 이 차이는 점점 벌어지고 있어요.

가장 아래 선은 박새가 알을 낳는 날인데, 박새도 일찍 알을 낳고 있으나, 애벌레 부화 속도를 따라가지 못하고 있어요.

새는 기본적으로 낮과 밤의 길이 차이로 계절을 느껴 번식을 시작해요. 따라서 아무리 기온이 높아져 일찍 봄이 찾아왔다 해도 계절을 느끼는 방법이 다르니 일찍 번식 활동을 시작하기가 어려워요.

박새도 일찍 알을 낳는 것으로 대응하고 있으나, 온난화는 그 대응 속도를 넘어 빠르게 진행되고 있어요.

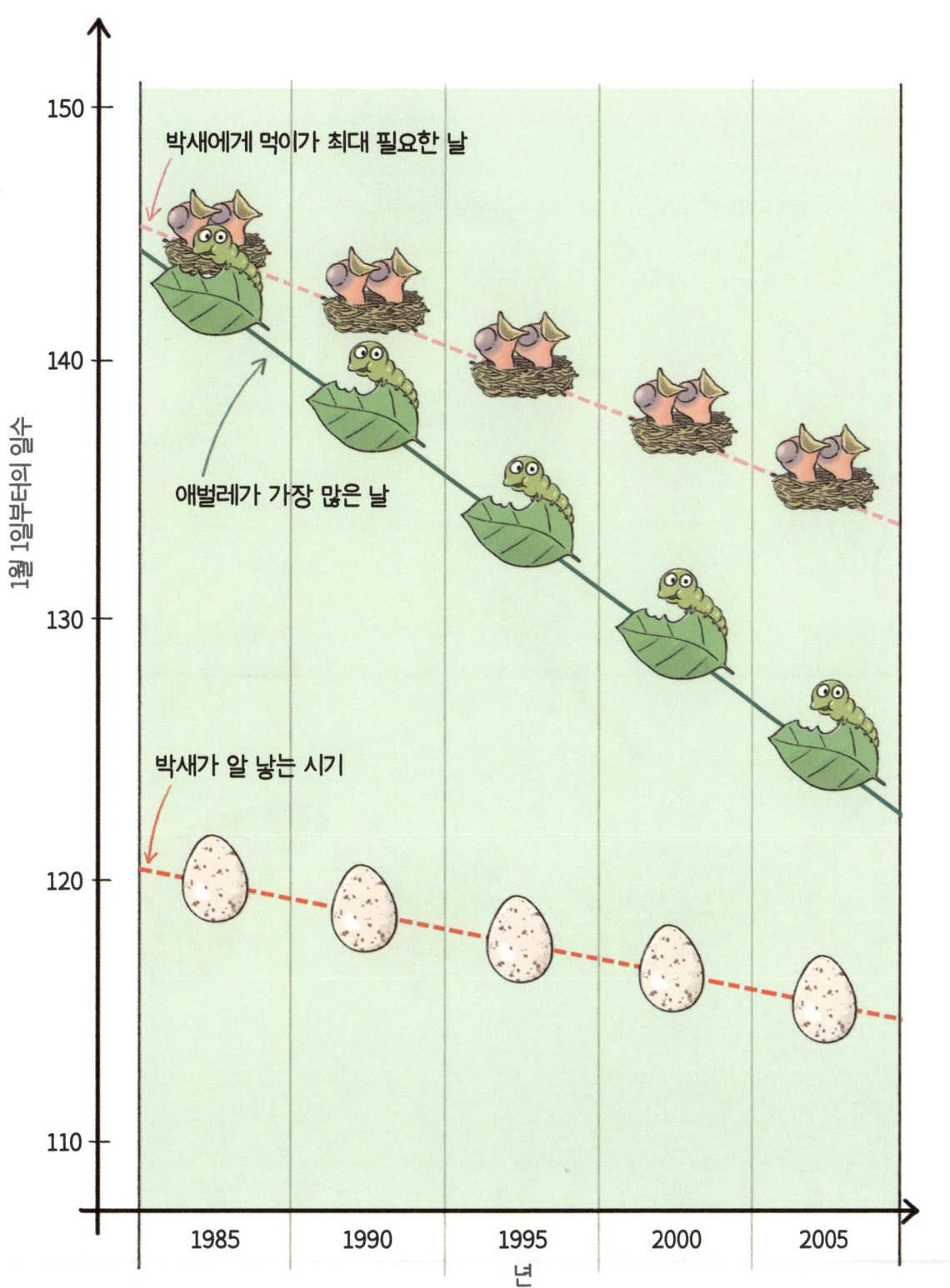

새는 환경의 바로미터

여기까지 책을 읽어 준 여러분! 이제 새가 얼마나 인간을 닮았는지 잘 알았죠? 새는 인간의 어린이만큼 머리가 좋고, 인간만큼 지구 여러 곳에 살고, 인간만큼 예민하니 새의 변화는 즉 인간에 관한 경고라 할 수 있어요.

서양에는 'Today Birds, Tomorrow Human.'이란 말이 있어요. '오늘날의 새는 미래의 인간이다.'란 뜻이에요.

우리말로 풀어 보면 '새는 환경의 바로미터', 즉 '새는 환경이 건강한지 아닌지 알 수 있는 지표'라는 의미랍니다.

앞에서 미국과 캐나다, 그리고 이웃 나라인 일본의 '보통 새'가 줄어드는 사실을 구체적인 숫자로 확인했어요. 이건 '환경이 위기에 놓여 있다'라는 경고가 아닐까요?

생물의 먹고 먹히는 먹이사슬을 도표로 한 '생태계 피라미드'를 보아요. 가장 아래는 '분해자'인 토양 생물이 있고, 가장 위에는 작은 동물을 먹는 '소비자'인 매나 수리, 맹금류가 있어요.

보통 새인 참새나 제비가 줄어들었다는 것은 이들이 먹는 곤충이나 식물도 줄었다는 걸 의미하겠죠?

사실 박새는 작은 새이지만, 1년에 12만 5천 마리나 되는 벌레를 먹는다고 해요. 새를 지키려면 곤충을 지켜야 하고 곤충을 지키려면 식물을 지켜야 하죠.

큰 나무 한 그루를 베는 건 이 나무에 의지해 사는 수많은 곤충을, 그 곤충을 먹고 사는 많은 새를 잃은 것과 마찬가지예요.

새를 위해 우리가 뭘 해 주기보다는 보통 새가 전하는 메시지를 잊지 않고, 지구의 동식물뿐만 아니라 우리 인간을 위해서 자연의 건강을 되찾는 게 중요해요.

농약이나 플라스틱을 함부로 사용하지 않고, 미세 먼지를 일으키거나 바다를 메우는 일, 댐과 하굿둑 건설 등으로 자연을 함부로 파괴하지 않는다면 새들이 저절로 우리 곁으로 돌아올 거예요!

이 책을 읽고 새를 좋아하게 된 여러분, 숲으로 새를 만나러 가 봐요. 그러면 새들이 여러분에게 말을 걸어올 거예요. 그 말을 '인간의 말'로 바꾸어 어른들에게 알려 줘요.

어린이 여러분, 새를 부탁해요!

더 알아보아요
멸종한 새들

생물의 한 종류가 없어져 두 번 다시 볼 수 없게 된 것을 '멸종'이라고 해요. 생물의 멸종 원인에는 환경의 변화나 병의 확산 등 여러 원인이 있지만, 인간으로 인해 멸종되기도 해요. 멸종한 새에는 어떤 종이 있고, 그 원인이 무엇인지 살펴봐요.

✳ 도도새

인도양의 큰 섬 마다가스카르 동쪽 난바다에 있는 모리셔스섬에 살던 몸길이 1m의 날지 못하는 새. 세계적 명작 <이상한 나라의 앨리스>에도 등장한다. 도도새는 비둘깃과로, 몸집이 크고 타조처럼 빨리 달리지 못해서 사람에게 쉽게 잡혔다. 사람들이 섬에 가져온 개나 돼지 등의 외래 동물에 새끼나 알이 먹혀, 발견되어 100년도 지나지 않아 1681년에 멸종했다.

* **자이언트 모아**

뉴질랜드에 살던 타조류로 몸길이 3.6m, 몸무게 200kg 이상에 이르는 거대한 새. 오스트레일리아 원주민 마오리족 조상이 뉴질랜드로 이동해 온 1300년쯤 이후 이들을 사냥하면서 급속히 줄어들어 1500년쯤 멸종했다.

✸ 여행비둘기

18세기, 북아메리카에 살던 여행비둘기는 약 50억 마리나 되어 세상에서 가장 많은 새로 여겨졌다. 저명한 조류학자 오듀본은 1838년에 이 새가 3일 동안 끊이지 않고 지나갔다고 일기에 기록할 만큼 수가 많았다.
그런데 미국의 개척자들이 식용으로 사냥하고, 이들의 보금자리인 숲이 파괴되면서 1914년에 마지막 새가 죽고 멸종했다.

✱ 원앙사촌

우리나라, 러시아, 중국, 일본에서 살았다고 여겨지는 원앙사촌은 이제 멸종했다. 원앙사촌은 처음 황오리와 청머리오리의 잡종이라 생각되었으나, 이후 신종이라 밝혀졌다.

원앙사촌 박제 표본은 세상에 3개밖에 남지 않았는데, 그중 2개가 한국의 금강과 낙동강에서 채집되었다. 특히 수컷의 박제는 금강에서 채집된 것이 유일하다. 관찰 기록이 적어서 새에 관한 정보가 거의 없다.

새 관련 상식 퀴즈

01 새와 인간은 겉모습이 아주 많이 닮았어요. ○ X
02 새는 암수가 짝을 이루어 힘을 모아 새끼를 낳아 키워요. ○ X
03 누벨칼레도니섬에 사는 누벨칼레도니까마귀는 도구를 쓰고 만들어요.
　　○ X
04 박새의 울음소리에는 뜻이 있어요. ○ X
05 새는 약 6600만 년 전에 멸종한 _____ 의 후손이에요.
06 새의 부리는 위아래의 턱이 늘어난 거예요. ○ X
07 새 부리는 어떤 걸 먹느냐에 따라 크기나 모양이 다양해요. ○ X
08 유럽칼새는 쉬지 않고 오랜 시간 나는 것으로 유명해요. ○ X
09 새의 뼈는 두께가 있고, 뼛속은 적혈구, 백혈구, 혈소판 같은 혈액세포를 만드는 골수로 가득 차 있어요. ○ X
10 새는 큰 날개를 아래위로 힘차게 날갯짓해서 날개를 움직이는 가슴의 _____ 이 매우 발달했어요.
11 새는 오줌에 해당하는 '요산'이 똥에 섞여 나와요. ○ X
12 새의 폐는 _____ 덕분에 숨을 내쉴 때와 들이쉴 때 늘 신선한 공기를 얻어요.
13 제비처럼 봄에 번식하러 우리나라를 찾아오는 새를 '여름 철새'라 해요.
　　○ X
14 이동하는 중에 잠시 들렸다가 먹이를 먹거나 쉬면서 체력이 회복되면 다시 떠나는 새를 _____ 라고 불러요.
15 새들이 이동하는 주된 까닭은 먹이 때문이에요. ○ X
16 새들의 지능지수에 따르면, 가장 머리 좋은 새는 앵무새예요. ○ X

17 새는 다른 동물보다 뇌가 크고, 뇌에 주름이 없어 머리가 좋지 않아요.
○ ×

18 새에게는 식도의 중앙 조금 아래쪽에 먹이를 잠시 저장할 수 있는 _____가 있어요.

19 비둘기는 새인데도 '젖'으로 새끼를 키워요. ○ ×

20 때까치는 몸집은 작아도 고기를 먹는 우수한 사냥꾼이에요. ○ ×

21 넓적부리는 물속 작은 생물인 _____을 먹기에 알맞은 폭이 넓고 납작한 부리를 갖고 있어요.

22 뻐꾸기는 다른 새의 둥지에 알을 낳아 대신 품어 새끼를 기르도록 해요.
○ ×

23 지구 온난화로 애벌레들이 나타나는 시기가 빨라지면서 박새는 새끼한테 먹이를 충분히 주기 어려워졌어요. ○ ×

24 새는 환경이 건강한지 아닌지 알 수 있는 지표예요. ○ ×

25 새를 지키려면 곤충을 지켜야 하고 곤충을 지키려면 식물을 지켜야 해요.
○ ×

정답
01 × 02 ○ 03 ○ 04 ○ 05 공룡 06 ○ 07 ○ 08 ○ 09 × 10 근육
11 ○ 12 기낭 13 ○ 14 나그네새 15 ○ 16 × 17 × 18 모이주머니(소낭) 19 ○
20 ○ 21 플랑크톤 22 ○ 23 ○ 24 ○ 25 ○

새 관련 단어 풀이

기낭 새의 가슴과 배에 있어 허파와 통하는 얇은 막의 주머니.
대뇌반구 대뇌의 정중면 양쪽에 있는 반구 모양의 덩어리.
대뇌피질 대뇌반구의 표면을 덮고 있는 회백질의 얇은 층.
맹금류 성질이 용맹하여 다른 새나 작은 동물을 잡아서 먹는 육식 조류.
멸종 생물의 한 종류가 아주 없어지는 것.
모이주머니 새의 소화관 일부로 소낭이라고도 하는데, 식도에 이어진 부분으로서 얇은 벽이 부풀어서 먹이를 일시 저장하는 장소.
문법 언어마다 그 언어를 사용하는 규칙.
바로미터 사물의 수준이나 상태를 아는 기준이 되는 것.
백악기 중생대의 마지막 지질 시대로, 지금으로부터 약 1억 4000만 년 전에서 6600만 년 전까지.
번식 동물의 암컷과 수컷이 자손을 남기는 것.
분해자 죽은 생물을 분해하여 다른 생물이 이용할 수 있게 해 주는 생물.
불협화음 둘 이상의 음이 동시에 날 때, 서로 어울리지 아니하여 불안정한 느낌을 주는 음.
소비자 스스로 양분을 만들지 못하고 다른 생물을 먹이로 하여 살아가는 생물.
요산 오줌에 들어 있는 유기 물질로, 조류나 곤충의 배설물에서 많이 볼 수 있음.
유인원 인간과 비슷한 오랑우탄, 고릴라, 침팬지, 보노보, 긴팔원숭이과 동물.
중생대 여러 공룡이 번성했던 지질 시대로, 지금으로부터 약 2억 4500만 년 전부터 약 6600만 년 전까지.
지구 온난화 지구의 기온이 높아지는 현상.
지능지수 지능의 발달 정도를 나타내는 지수.

천적 특정 생물을 공격해 먹이로 삼는 생물.

철새 계절을 따라 이리저리 옮겨 다니며 사는 새.

최대속력 동물, 자동차 따위가 가장 빨리 달릴 수 있는 속력.

탁란 자기 스스로 둥지를 만들지 않고 다른 새의 둥지에 알을 낳아 대신 품어 새끼를 기르도록 하는 일.

토양 생물 토양에서 주로 서식하는 미생물, 곤충, 소동물.

혈액세포 적혈구, 백혈구, 혈소판 등 혈액의 고체 성분으로 혈장 속에 떠다니는 세포.

화석 옛날에 살았던 생물의 몸체나 흔적이 암석이나 지층 속에 그대로 남아 있는 것

참고 자료

- 《세상의 모든 펭귄 이야기》, 김황, 창비, 2009
- 《철새, 생명의 날갯짓》, 스즈키 마모루, 김황 옮김, 천개의바람, 2018
- 《鳥ってすごい!(새는 대단해!)》, 樋口広芳, 山と渓谷社, 2016
- 《鳥のふしぎ(새의 신기함)》, 川上和人, ポプラ社, 2011
- 《知っているようで知らない鳥の話(알고 있는 듯해도 잘 모르는 새 이야기)》, 細川博昭, サイエンス・アイ, 2017
- 《鳥、驚異の知能(새들의 천재성)》, Jennifer Ackerman, 講談社, 2018
- 《アレックスと私(천재 앵무새 알렉스와 나)》, Irene·M·Pepperberg, 早川書房, 2020
- 《スズメの謎(참새의 수수께끼)》, 三上 修, 誠文堂新光社, 2012
- 〈気候変化がもたらすフェノロジーのミスマッチ(기후 변화가 가져오는 생물학적 계절 변화의 불일치)〉, 綿貫 豊, 日本生態学会誌, 2010년 3월
- 〈スズメやツバメ減少 外界種は増加 約20年ぶり「国勢調査」(참새와 제비 감소, 외래종은 증가… 약 20년 만에)〉, 일본 아사히 신문, 2021년 10월 26일호
- 〈気候変動が狂わす 命の営み(기후 변화가 교란시키는 생명의 활동)〉, 일본 아사히 신문, 2022년 10월 28일호